Impressum
Verlag: BABADADA GmbH, Nedderfeld 112 , 22529 Hamburg
Geschäftsführer / Verlagsleitung: Harald Hof
Druck: Books on Demand GmbH, In de Tarpen 42, 22848 Norderstedt

Imprint
Publisher: BABADADA GmbH, Nedderfeld 112 , 22529 Hamburg, Germany
Managing Director / Publishing direction: Harald Hof
Print: Books on Demand GmbH, In de Tarpen 42, 22848 Norderstedt

sekolo
koulu

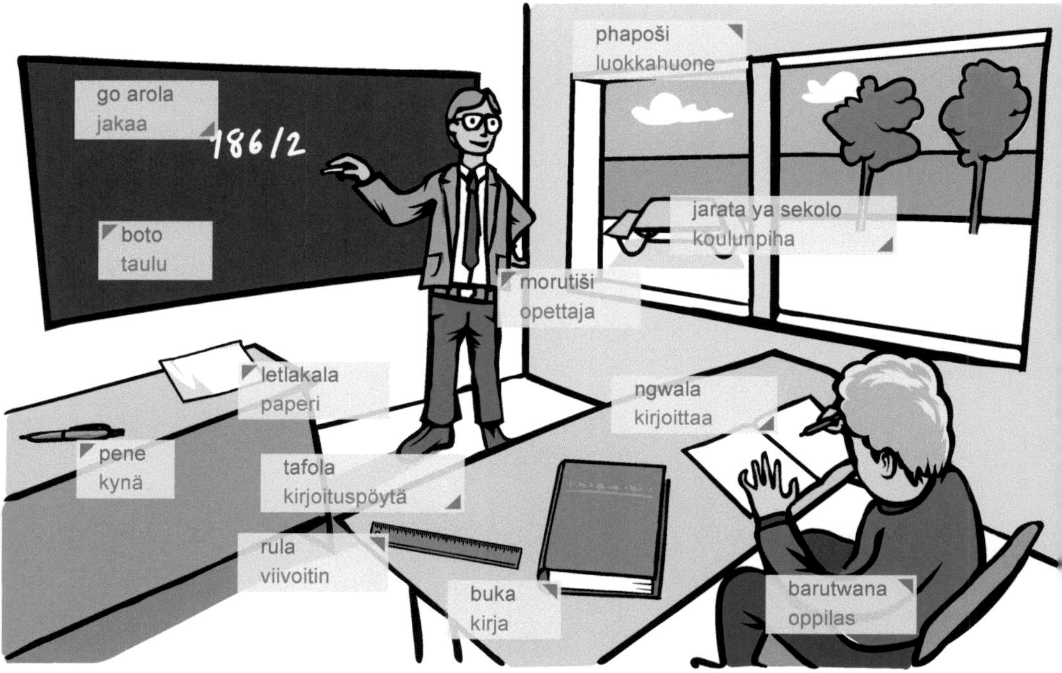
phapoši
luokkahuone
go arola
jakaa
186/2
jarata ya sekolo
koulunpiha
boto
taulu
morutiši
opettaja
letlakala
paperi
ngwala
kirjoittaa
pene
kynä
tafola
kirjoituspöytä
rula
viivoitin
buka
kirja
barutwana
oppilas

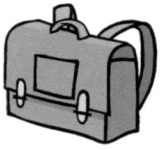

peke
reppu

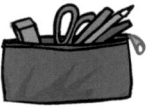

kheise ya phensele
penaali

phensele
lyijykynä

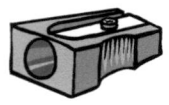

motšhene wa go betla phensele
kynänteroitin

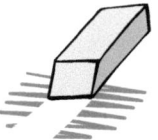

rabhara
pyyhekumi

phede ya ho thala
piirustuslehtiö

go thala

piirustus

borashe ya go penta

pensseli

lepokisi la go penta

vesivärit

sekero

sakset

sekgomaretši

liima

puku ya go ngwala

harjoituskirja

mošomo wa gae

kotitehtävä

nomoro

luku

tlatša

lisätä

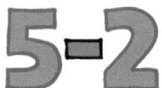

go ntšha

vähentää

go atiša

kertoa

khalekhuleitha

laskea

lengwalo

kirjain

alefapete

aakkoset

lentšu

sana

mongolo
teksti

bala
lukea

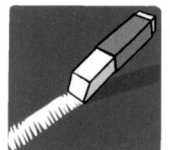

tšhoko
liitu

thuto
oppitunti

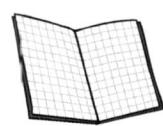

puku ya maina
opettajan muistikirja

thuto
koe

setifikeite
todistus

diaparo tša sekolo
koulupuku

thuto
koulutus

encyclopedia
sanakirja

yunibesithi
yliopisto

maekrosekoupo
mikroskooppi

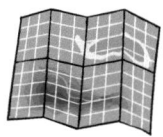

mmapa
kartta

pasekete ya matlakala a
ditšhila
roskakori

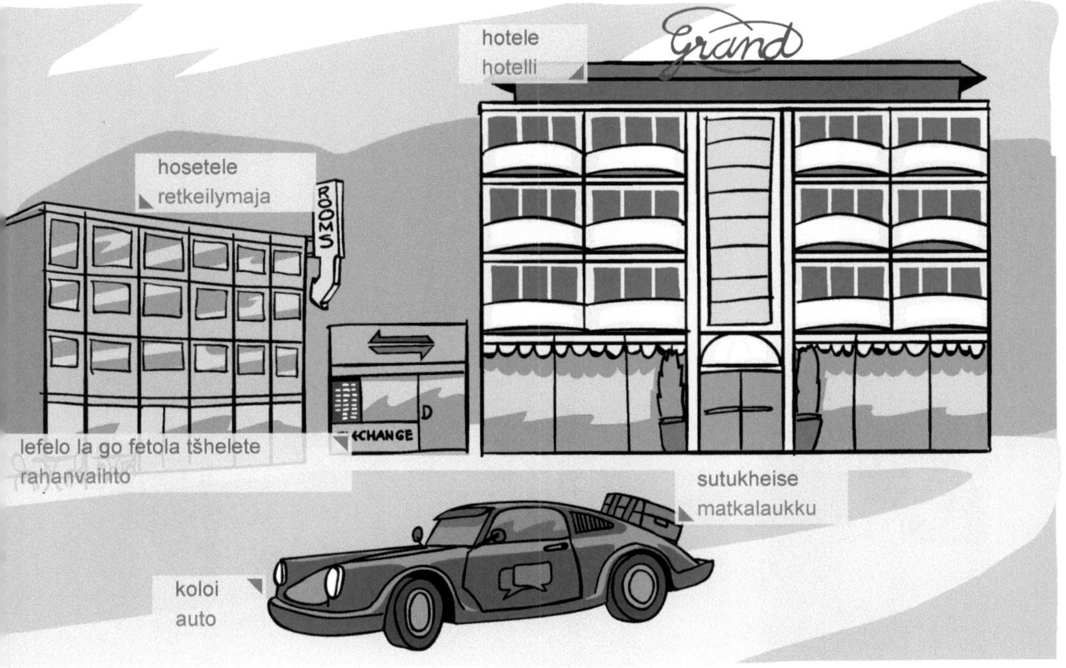

hotele
hotelli
Grand
hosetele
retkeilymaja
ROOMS
lefelo la go fetola tšhelete
rahanvaihto
EXCHANGE
sutukheise
matkalaukku
koloi
auto

Leleme

kieli

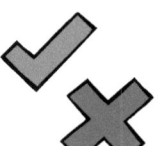

ee / aowa

kyllä / ei

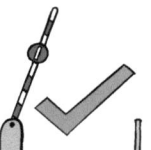

Go lokile

selvä

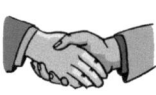

Dumela

hei

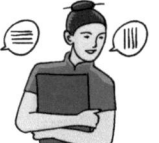

mofetoledi

tulkki

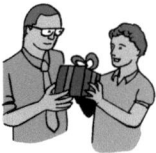

Re a leboga

kiitos

... ke bokae?

Paljonko...maksaa?

ga ke kwešiše

en ymmärrä

bothata

ongelma

Thobela!

Hyvää iltaa!

Meso e mebotse!

Hyvää huomenta!

Robala botse!

Hyvää yötä!

šala gabotse

näkemiin

keletšo ya tsela

suunta

peke

matkatavarat

peke

laukku

mokotla wa dipuku

reppu

moeng

vieras

phapoši

huone

pekana ya go robala

makuupussi

mokhukhu

teltta

boitsebišo bja moeti

turisti-info

lewatleng

ranta

karata ya mokitlana

luottokortti

dijo tša mesong

aamupala

matena

lounas

dijo tša mantšiboa

päivällinen

thikethe

matkalippu

lifithi

hissi

setempe

postimerkki

border

raja

setlwaedi

tulli

embassy

suurlähetystö

visa

viisumi

phasepoto

passi

senamelwa
kuljetus

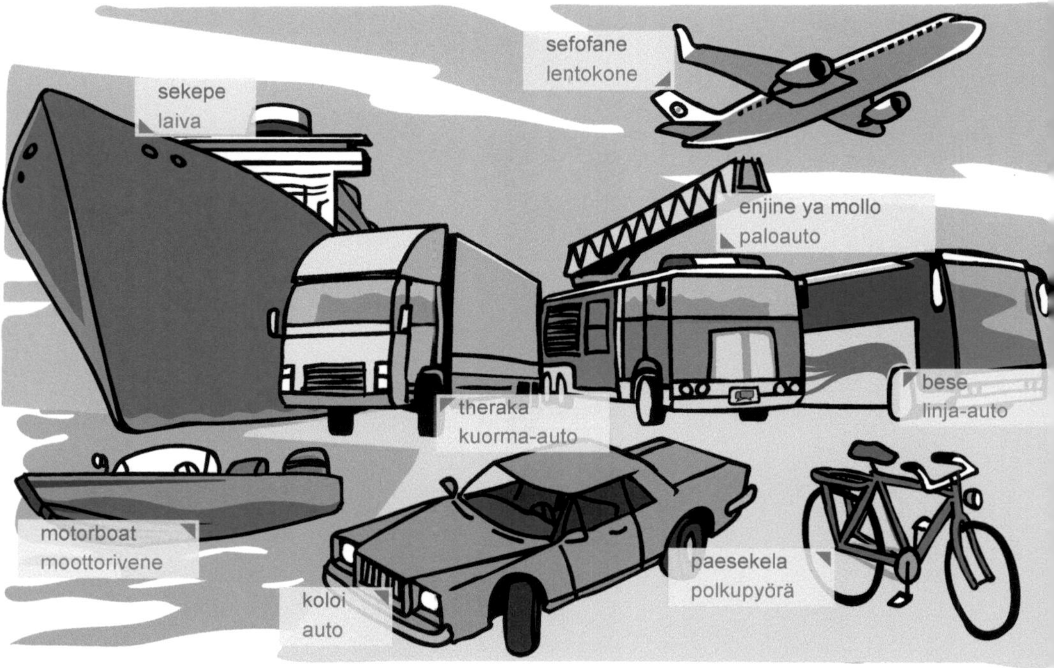
sefofane
lentokone
sekepe
laiva
enjine ya mollo
paloauto
bese
linja-auto
theraka
kuorma-auto
motorboat
moottorivene
paesekela
polkupyörä
koloi
auto

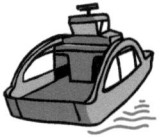

feri

lautta

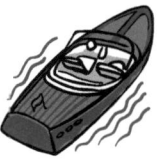

sekepe

vene

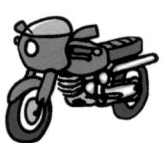

sethuthuthu

moottoripyörä

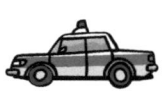

koloi ya maphodisa

poliisiauto

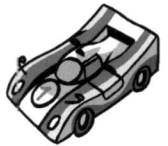

koloi ya go šiašiana

kilpa-auto

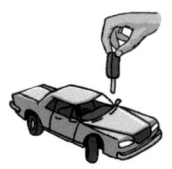

koloi ya go rentišwa

vuokra-auto

go arogana koloi

car sharing

theraka ya go goga

hinausauto

theraka ya ditlakala

roska-auto

mmotho

moottori

makhura

polttoaine

seteišene sa makhura

huoltoasema

leswao la therafiki

liikennemerkki

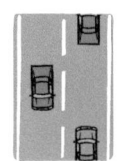

therafiki

liikenne

therafiki

ruuhka

lefelo la go phaka dikoloi

parkkipaikka

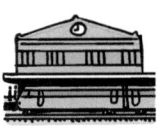

seteišene sa terene

rautatieasema

tsela

raiteet

terene

juna

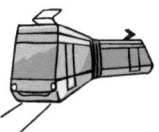

theramo

raitiovaunu

koloi

vaunu

sefofane

helikopteri

boemafofane

lentokenttä

serokami

lähilennonjohto

monamedi

matkustaja

seswari

kontti

lepokisana

pahvilaatikko

khathe

kärryt

basket

kori

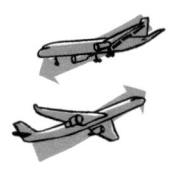

go tloga / go kwatama

nousta / laskea

toropo
kaupunki

motse

kylä

bogareng bja toropo

keskusta

ntlo

talo

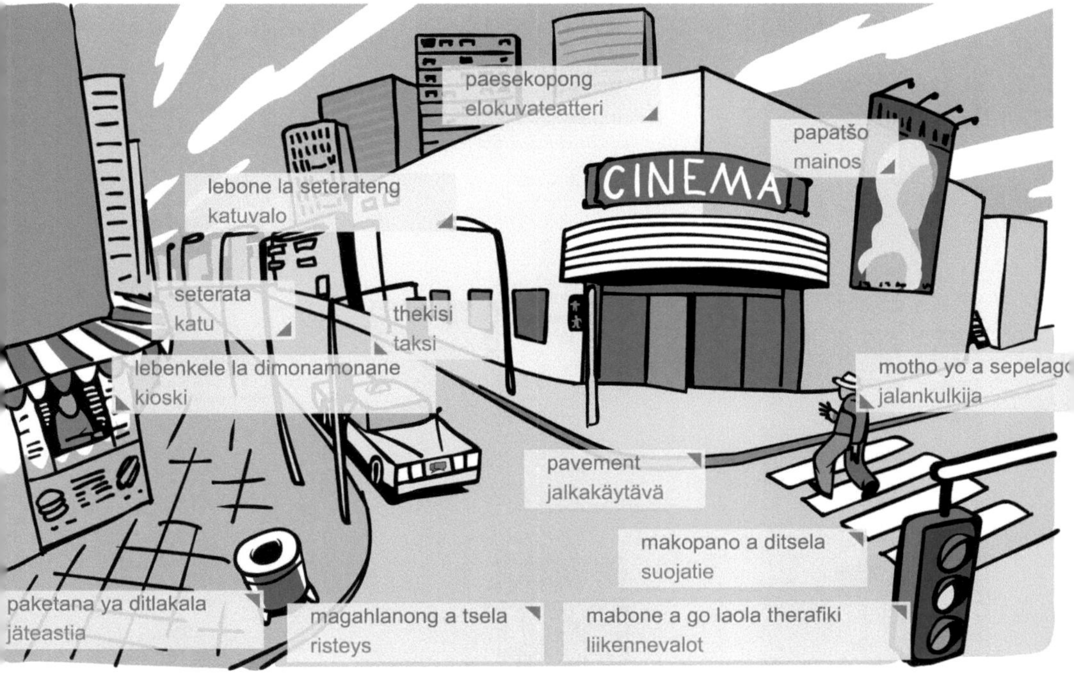

paesekopong
elokuvateatteri

papatšo
mainos

lebone la seterateng
katuvalo

seterata
katu

thekisi
taksi

lebenkele la dimonamonane
kioski

motho yo a sepelago
jalankulkija

pavement
jalkakäytävä

makopano a ditsela
suojatie

paketana ya ditlakala
jäteastia

magahlanong a tsela
risteys

mabone a go laola therafiki
liikennevalot

mokutwana

mökki

folete

kerrostalo

seteišene sa terene

rautatieasema

holo ya toropong

kaupungintalo

museamo

museo

sekolo

koulu

yunibesithi

yliopisto

panka

pankki

sepetlele

sairaala

hotele

hotelli

lebenkele la dihlare

apteekki

ofisi

toimisto

lebenkele la dipuku

kirjakauppa

lebenkele la dijo

liike

lebenkele la matšoba

kukkakauppa

lebenkele la dihlare

supermarketti

mmakete

tori

lebenkele la dilo tše dintši

tavaratalo

fishmonger's

kalakauppias

lefelo la mabenkele

ostoskeskus

boemakepe

satama

phaka
puisto

bench
penkki

leporogo
silta

ditepisi
portaat

ka tlase
metro

thanele
tunneli

boemela pese
linja-autopysäkki

bar
baari

lebenkele la dijo
ravintola

lepokisi la poso
postilaatikko

leswao la seterata
katukyltti

mithara wa go phaka koloi
parkkimittari

zuu
eläintarha

letamo la go rutha
uimala

lefelo la mamoseleme
moskeija

polasa

maatila

tšhilafalo

ympáristön saastuminen

mabitla

hautausmaa

kereke

kirkko

lefelo la go bapala

leikkikenttä

tempele

temppeli

lefelo la dithaba
maisema

letlakala
lehti

leswao la tsela
tienviitta

tsela
tie

lefelo kgauswi le noka
niitty

letlapa
kivi

mophara thaba
retkeilijä

mohlare
puu

noka
joki

bjang
ruoho

letšoba
kukka

tsela

laakso

thaba

vuori

letangwana la meetsi

järvi

sethokgwa

metsä

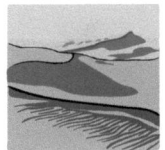

leganata

aavikko

thabamollo

tulivuori

ntlo e kgolo

linna

molalatladi

sateenkaari

mushroom

sieni

palm tree

palmu

monang

hyttynen

fofa

kärpänen

ditšhošwane

muurahainen

nosi

mehiläinen

segokgo

hämähäkki

khunkhwane

kovakuoriainen

segwagwa

sammakko

squirrel

orava

noko

siili

mmutla

jänis

leribiši

pöllö

nonyana

lintu

mogolodi

joutsen

kolobe ya naga

villisika

phuthi

peura

phuthi

hirvi

letamo

pato

wind turbine

tuulimylly

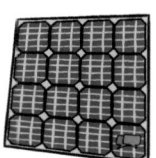

phanele ya solar

aurinkopaneeli

leratadima

ilmasto

weithara
tarjoilija

lenaneo
ruokalista

setulo
tuoli

sopo
keitto

pizza
pitsa

cutlery
ruokailuvälineet

lešela la tafola
pöytäliina

dijo tša mathomo
alkuruoka

dijo
pääruoka

dimonamonane
jälkiruoka

dino
juomat

dijo
ruoka

lepotlelo la ngwana
pullo

fastfood

pikaruoka

dijo tša seterateng

katuruoka

ketlele ya tea

teekannu

poleitana swikiri

sokeriastia

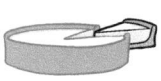

karolo

annos

motšhene wa espresso

espressokeitin

setulo sa godimo

syöttötuoli

tefo

lasku

therei

tarjotin

thipa

veitsi

foroko

haarukka

lelepola

lusikka

lelepola

teelusikka

lešela la go iphomola

servietti

galase

lasi

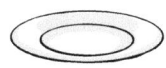

poleite

lautanen

poleite ya sopo

syvä lautanen

sosara

aluslautanen

moroto

kastike

poto ya letswai

suolasirotin

sešila phepha

pippurimylly

vinegar

etikka

makhura

öljy

sepaese

mausteet

tamatisoso

ketsuppi

masetete

sinappi

mayonnaise

majoneesi

lebenkele la dihlare
supermarketti

dithekišo tša tlase
tarjous
moreki
asiakas
dijo tša go ba le maswi
maitotuotteet
dikenywa
hedelmät
teroli
ostoskärryt
FOR

BUTCHERS

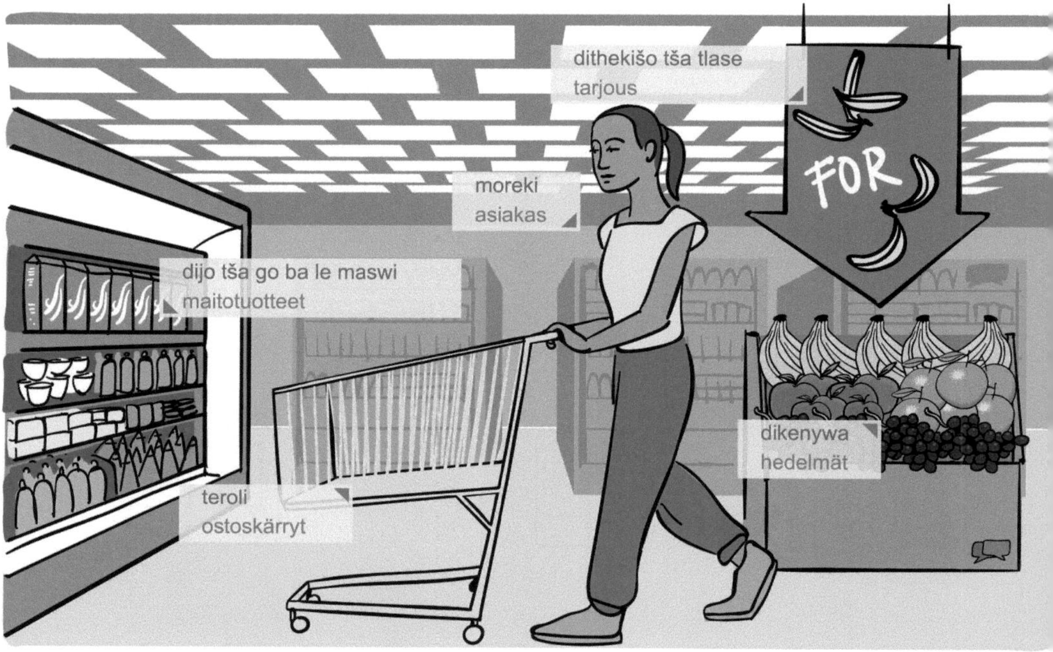

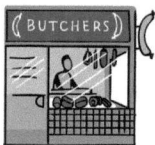

selaga
teurastamo

BAKERY

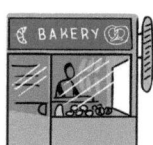

moapei wa dikuku
leipomo

kala
punnita

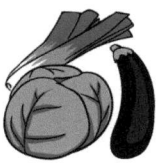

merogo
kasvikset

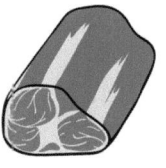

nama
liha

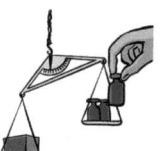

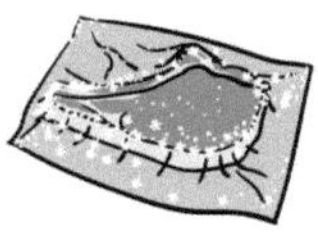

dijo tše gahlišitšwego
pakasteet

nama ya go tonya

leikkele

tinned food

säilykkeet

sešepi sa go hlatswa

pesujauhe

dimonamonane

makeiset

dilo tša ka ntlong

kotitaloustarvikkeet

didirišwa tša go hlwekiša

puhdistusaineet

morekiši

myyjä

till

kassa

morekiši

kassanhoitaja

lenaneo la tše rekišwago

ostoslista

diiri tša go bula

aukioloajat

sepatšhe

lompakko

karata ya mokitlana

luottokortti

peke

kassi

peke ya polasetiki

muovipussi

juomat

meetsi

vesi

Juice

mehu

maswi

maito

coke

kokis

beine

viini

bhiri

olut

bjala

alkoholi

cocoa

kaakao

tea

tee

kofi

kahvi

espresso

espresso

cappuccino

cappuccino

banana

banaani

apola

omena

namome

appelsiini

melon

meloni

namone

sitruuna

carrot

porkkana

garlic

valkosipuli

bamboo

bambu

keiye

sipuli

mushroom

sieni

ditokomane

pähkinät

noodles

spagetti

spaghetti

spagetti

raese

riisi

salate

salaatti

ditŠhipisi

ranskalaiset

matapola a gadikilwego

paistetut perunat

pizza

pitsa

hambeka

hampurilainen

sandwich

voileipä

cutlet

leike

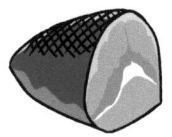

ham

kinkku

salami

salami

sausage

makkara

kgogo

kana

gadika

paisti

hlaphi

kala

bogobe bja oats

kaurahiutaleet

muesli

mysli

cornflakes

murot

folouro

jauho

croissant

voisarvi

dipanse

sämpylä

borotho

leipä

toaster

paahtoleipä

dipisikiti

keksit

botoro

voi

curd

rahka

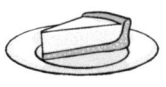

kuku

kakku

lee

kananmuna

lee le gadikilwego

paistettu kananmuna

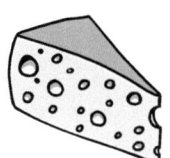

tshese

juusto

ice cream

jäätelö

swikiri

sokeri

todi ya dinosi

hunaja

jeme

hillo

chocolate spread

suklaapähkinälevite

curry

curry

dijo - ruoka

polasa
maatila

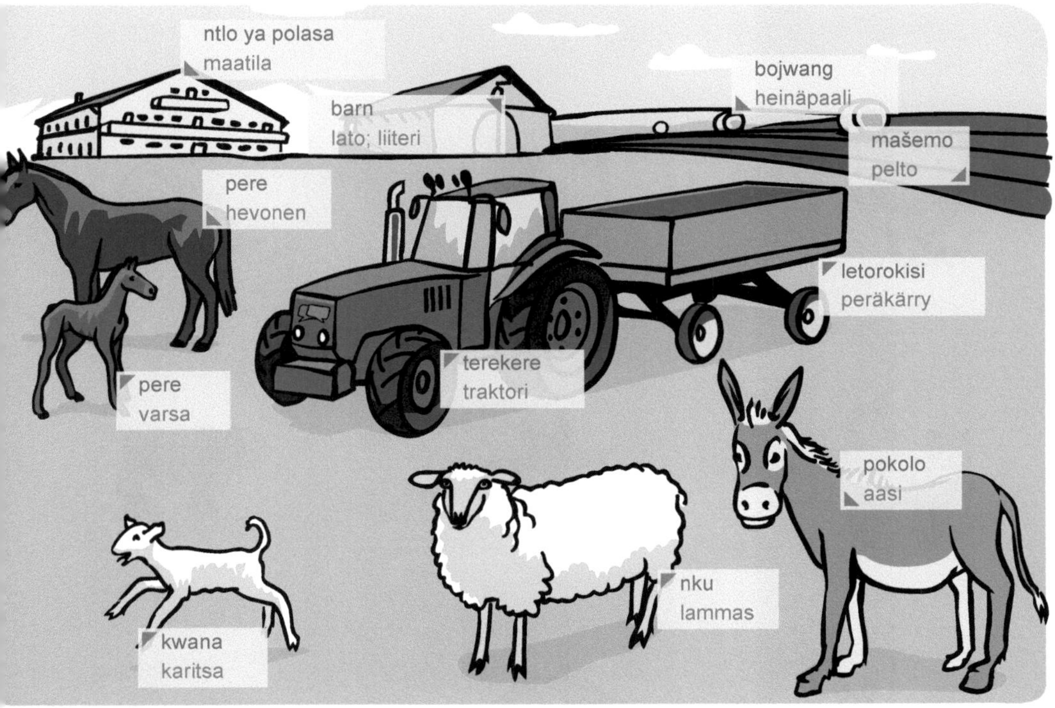

ntlo ya polasa
maatila
barn
lato; liiteri
bojwang
heinäpaali
mašemo
pelto
pere
hevonen
letorokisi
peräkärry
terekere
traktori
pere
varsa
pokolo
aasi
nku
lammas
kwana
karitsa

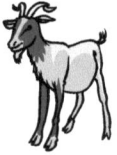

pudi
vuohi

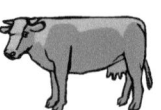

kgomu
lehmä

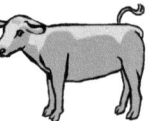

namane
vasikka

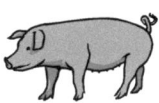

kolobe
sika

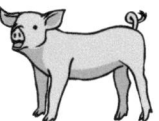

kolobjana
porsas

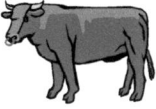

poo
sonni

leganse

hanhi

leganse

ankka

letswienyane

tipu

kgogo

kana

mokoko

kukko

legotlo

rotta

katse

kissa

legotlo

hiiri

pholo

härkä

mpša

koira

ntlwana ya mpša

koirankoppi

lethompo la seratswana

puutarhaletku

khene ya meetse

kastelukannu

peke

viikate

megoma ya terekere

aura

polasa - maatila

sekele

sirppi

mogoma

kuokka

foroko

talikko

selepe

kirves

kiribai

kottikärryt

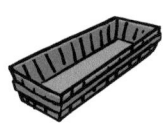

letangwana la meetsi

kaukalo

khene ya maswi

maitokannu

lesaka

säkki

fense

aita

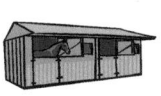

stable

talli

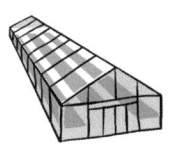

ntlwana ya galase ya dihlare

kasvihuone

mobu

maa

peu

siemen

manyora

lannoite

motšhene wa go buna

leikkuupuimuri

buna

kerätä sato

buna

sato

tse monate

jamssit

korong

vehnä

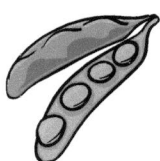

soy

soija

letapola

peruna

korong

maissi

rapeseed

rypsi

mohlare wa dikenywa

hedelmäpuu

cassava

maniokki

disereale

vilja

tšhemela
savupiippu

marulelo
katto

phaephe ya drain
sadevesikouru

lefasetere
ikkuna

karatše
autotalli

nakana ya lebati
ovikello

lebati
ovi

pakete ya matlakala
roska-astia

lepokisi la maletere
postilaatikko

serapana
puutarha

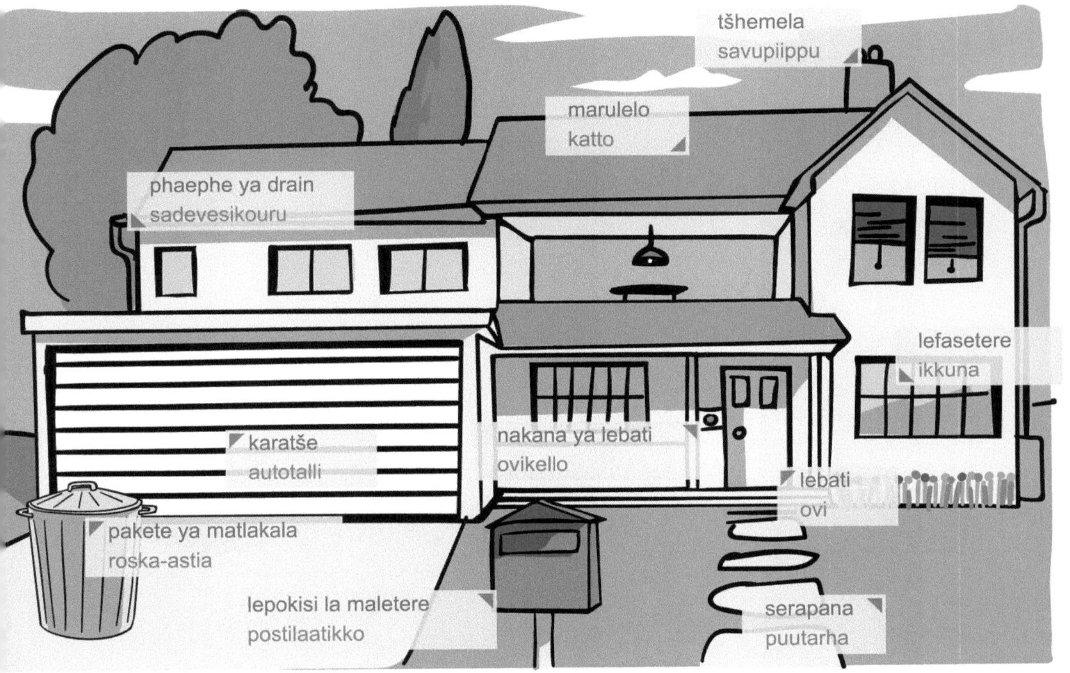

phapoši ya go dula

olohuone

kamora ya go hlapela

kylpyhuone

boapeelo

keittiö

phapoši ya go robala

makuuhuone

phapoši ya bana

lastenhuone

lefelo la boiketlo

ruokahuone

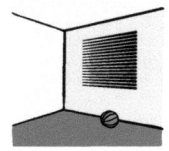

fase
lattia

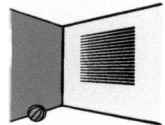

lebota
seinä

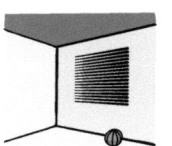

siling
katto

cellar
kellari

sauna
sauna

letsikangope
parveke

lelapa
terassi

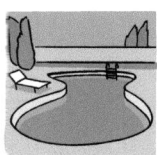

letamo la go rutha
uima-allas

motšhene wa go sega bjang
ruohonleikkuri

lešela la go iphomola
lakana

lešela la mpeto
päiväpeitto

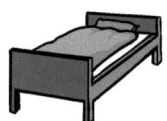

mpeto
sänky

leswielo
harja

pakete
ämpäri

pholaka
katkaisin

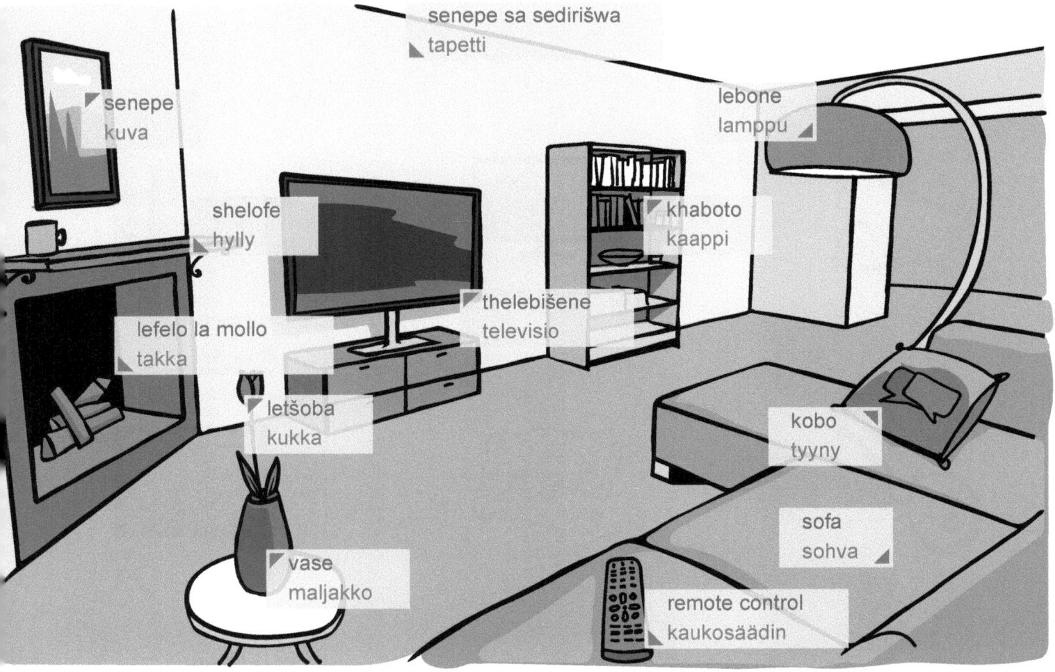

senepe sa sedirišwa
tapetti

senepe
kuva

lebone
lamppu

shelofe
hylly

khaboto
kaappi

lefelo la mollo
takka

thelebišene
televisio

letšoba
kukka

kobo
tyyny

sofa
sohva

vase
maljakko

remote control
kaukosäädin

khaphete
matto

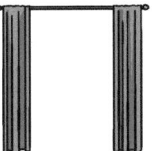

garetene
verho

tafola
pöytä

setulo
tuoli

rocking chair
keinutuoli

armchair
nojatuoli

buka

kirja

kobo

peitto

bokgabišo

koriste

dikota tša mollo

polttopuut

filimi

elokuva

sedirišwa sa hi-fi

stereot

senotlelo

avain

kuranta

sanomalehti

go penta

maalaus

phouseta

juliste

radio

radio

pukwana ya go ngwala

muistivihko

motšhene wa go hlwekiša

pölynimuri

mohlašana wa cactus

kaktus

kerese

kynttilä

boapeelo
keittiö

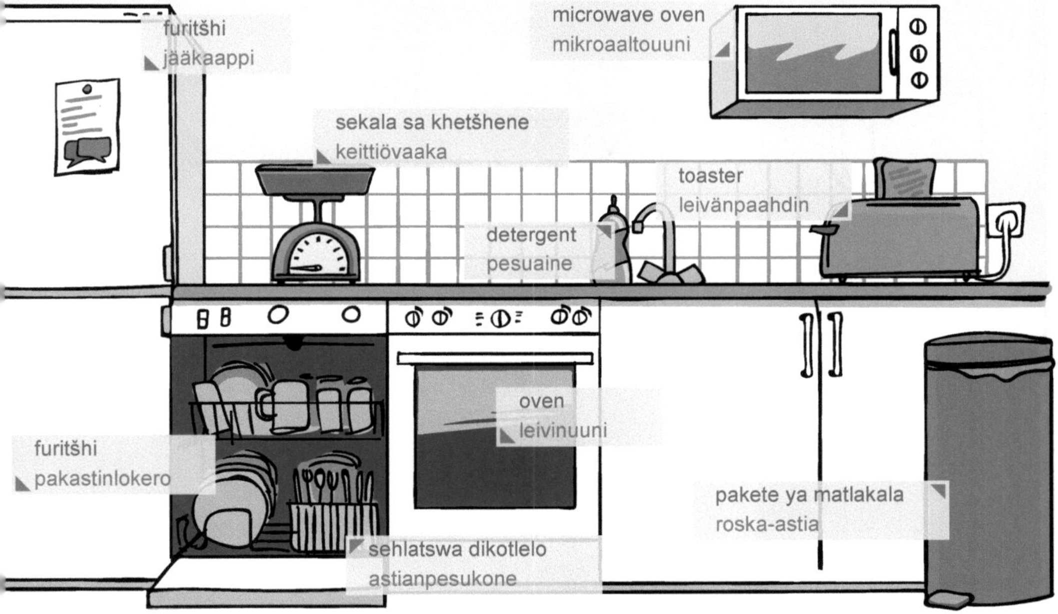

furitšhi
jääkaappi
microwave oven
mikroaaltouuni
sekala sa khetšhene
keittiövaaka
toaster
leivänpaahdin
detergent
pesuaine
oven
leivinuuni
furitšhi
pakastinlokero
pakete ya matlakala
roska-astia
sehlatswa dikotlelo
astianpesukone

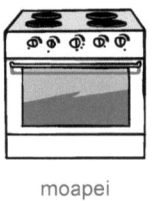

moapei

liesi

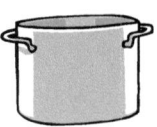

pitša

kattila

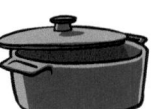

cast-iron pot

rautapata

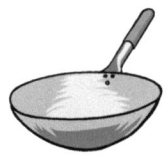

wok / kadai

vokkipannu / kadai-pannu

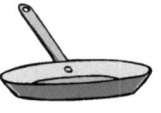

pane

paistinpannu

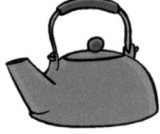

ketlele

teepannu

steamer

höyrykeitin

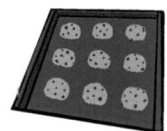

therei ya go paka

uunipelti

dikotlelo

astiat

komiki

muki

mogopo

kulho

diphathana tša go ja

syömäpuikot

lelepola la ladle

kauha

spatula

paistinlasta

whisk

vispilä

strainer

siivilä

sefo

siivilä

kereitara

raastin

mortar

mortteli

barbecue

grilli

thuntšha

avotuli

boto ya dijo

leikkuulauta

rolling pin

kaulin

sebula lepotlelo

korkinavaaja

khene

purkki

sebula khene

purkinavaaja

seswara dipoto

pannulappu

sinki

lavuaari

borashe

tiskiharja

sepontše

pesusieni

sehlakanyi

tehosekoitin

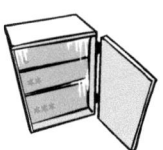

freezer

pakastin

lepotlelo la ngwana

tuttipullo

pompi

vesihana

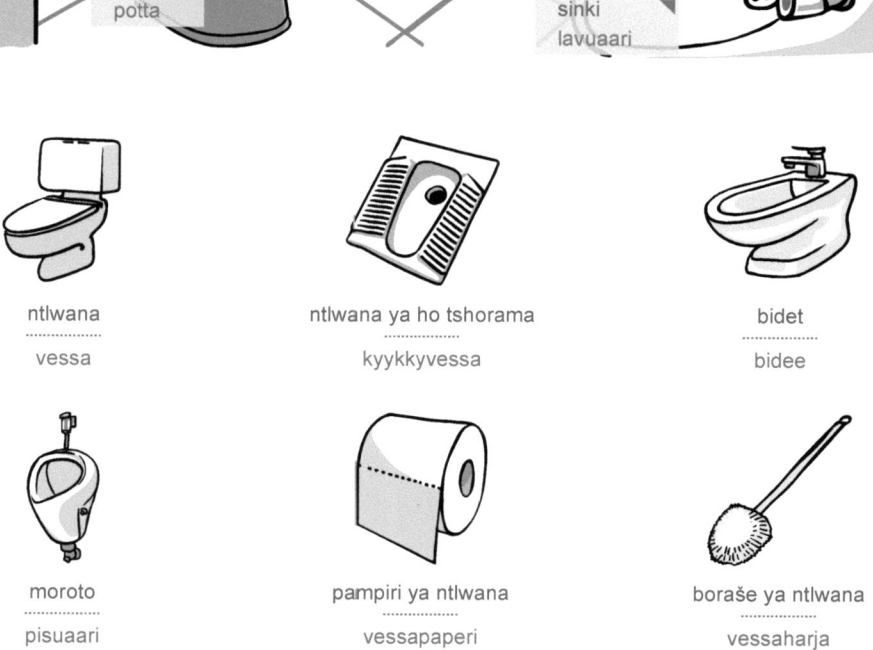

kamora ya go hlapela
kylpyhuone

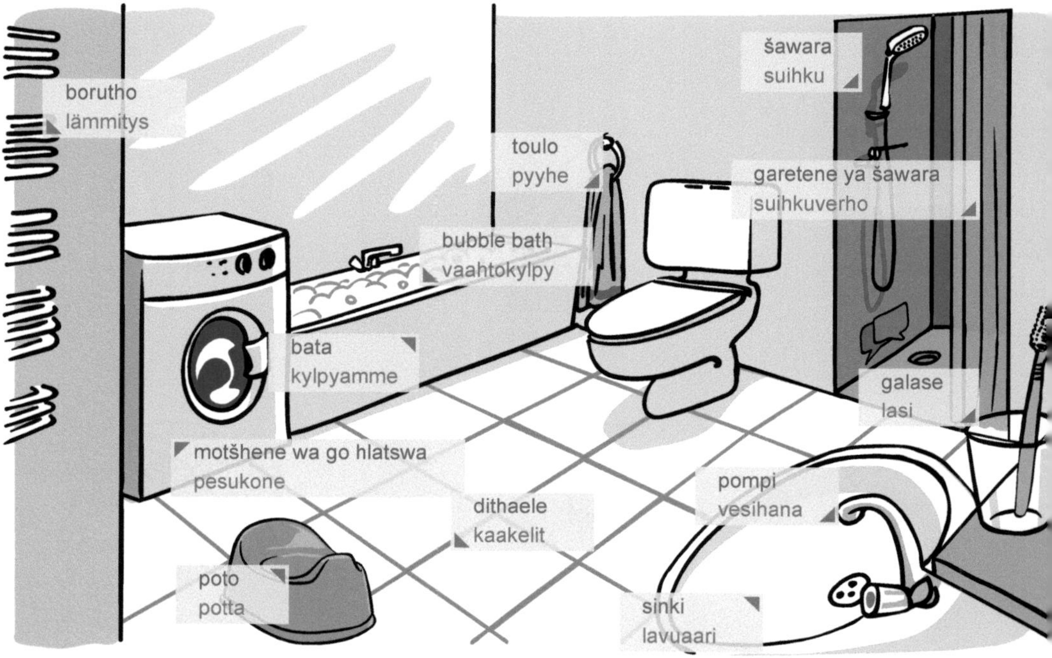

borutho
lämmitys
šawara
suihku
toulo
pyyhe
garetene ya šawara
suihkuverho
bubble bath
vaahtokylpy
bata
kylpyamme
galase
lasi
motšhene wa go hlatswa
pesukone
pompi
vesihana
dithaele
kaakelit
poto
potta
sinki
lavuaari

ntlwana

vessa

ntlwana ya ho tshorama

kyykkyvessa

bidet

bidee

moroto

pisuaari

pampiri ya ntlwana

vessapaperi

boraše ya ntlwana

vessaharja

boraše ya ho hlapa meno

hammasharja

sešepi sa meno

hammastahna

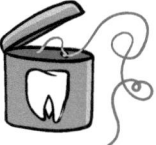

floss ya meno

hammaslanka

hlatswa

pestä

shawara ya go swarwa ka matsogo

käsisuihku

douche

intiimisuihku

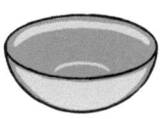

basin

pesuvati

back brush

selkäharja

sešepi

saippua

sešepi sa ka šawareng

suihkugeeli

shampoo

shampoo

folene

pesulappu

drain

viemäri

sa go tlola

voide

senkgiša bose

deodorantti

seipone

peili

sepili se senyenyane

käsipeili

legare

partaveitsi

shaving foam

partavaahto

aftershave

partavesi

kamo

kampa

boraše

harja

derayara ya moriri

hiustenkuivaaja

setlola sa moriri

hiuslakka

makeup

meikki

setlola sa molomo

huulipuna

varnish ya manala

kynsilakka

wulu

pumpuli

sekero sa dinala

kynsisakset

phefumo

hajuvesi

pekana ya tša go hlapa

kosmetiikkalaukku

setulo

jakkara

sekala

vaaka

toulwana ya go hlapa

kylpytakki

ditlelafo tša rabara

kumihansikkaat

tampon

tamponi

toulo ya go phumula matsogo

terveysside

ntlwana ya dikhemikhale

kemiallinen wc

phapoši ya bana
lastenhuone

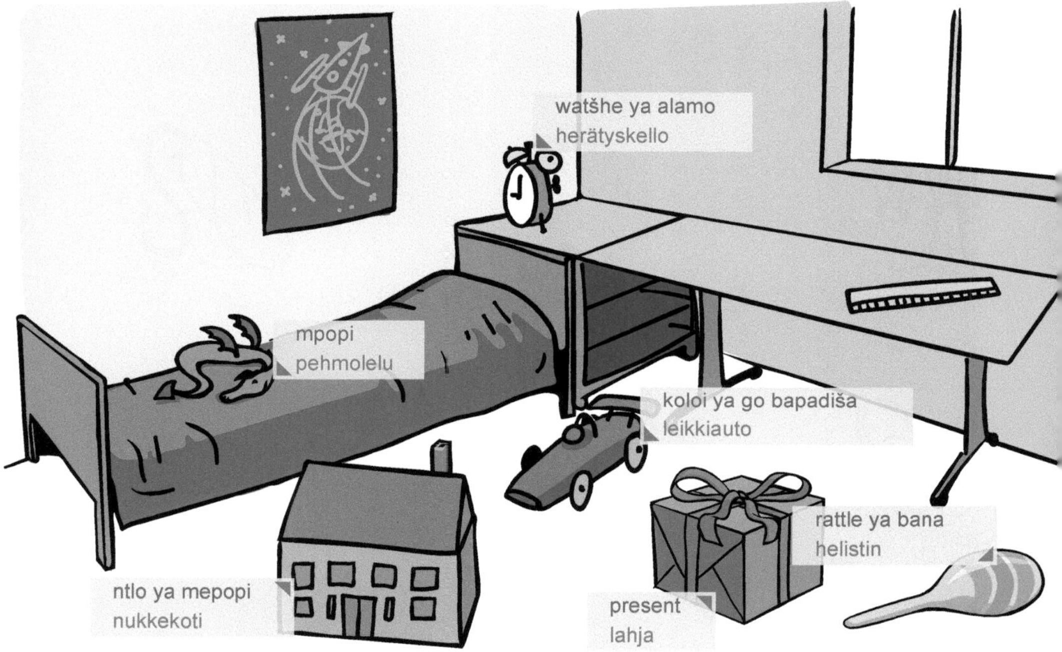

watšhe ya alamo
herätyskello
mpopi
pehmolelu
koloi ya go bapadiša
leikkiauto
rattle ya bana
helistin
ntlo ya mepopi
nukkekoti
present
lahja

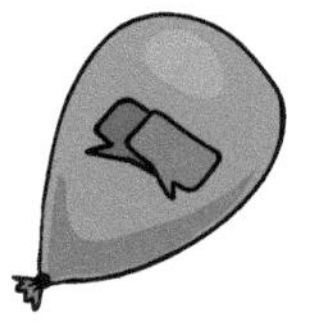

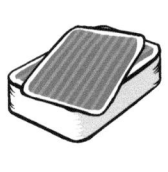

baluni

ilmapallo

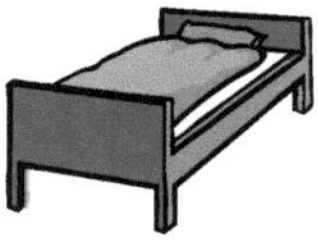

mpeto

sänky

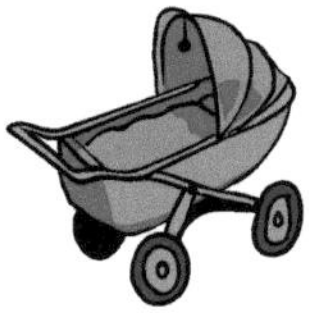

phorema

lastenvaunut

dikarata

korttipeli

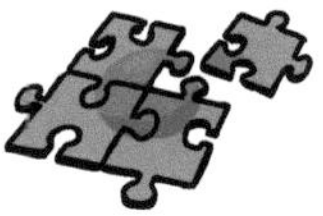

papadi ya jigsaw

palapeli

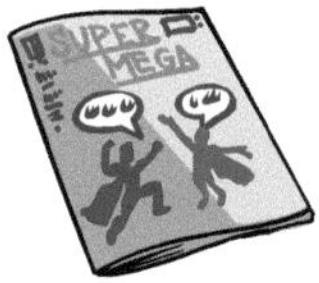

metlae

sarjakuva

papadi ya lego bricks

legopalikat

papadi ya building blocks

rakennuspalikat

action figure

supersankari

go gola ga ngwana

potkupuku

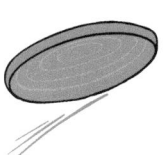

papadi ya Frisbee

frisbee

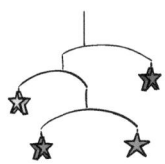

mobile

mobile

papadi ya boto

lautapeli

letaese

noppa

model train set

pienoisjunarata

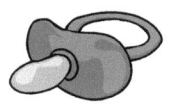

tami

tutti

phathi

juhlat

puku ya dinepe

kuvakirja

kgwele

pallo

mpopi

nukke

bapala

leikkiä

sandpit

hiekkalaatikko

swing

keinu

tša go bapadiša

lelut

sedirišwa sa dipapadi tša bidio

pelikonsoli

paesekele ya bana

kolmipyörä

teddy bear

nalle

oteropo

vaatekaappi

diaparo

vaatteet

masokisi

sukat

masokisi

nylonsukat

pentihouso

sukkahousut

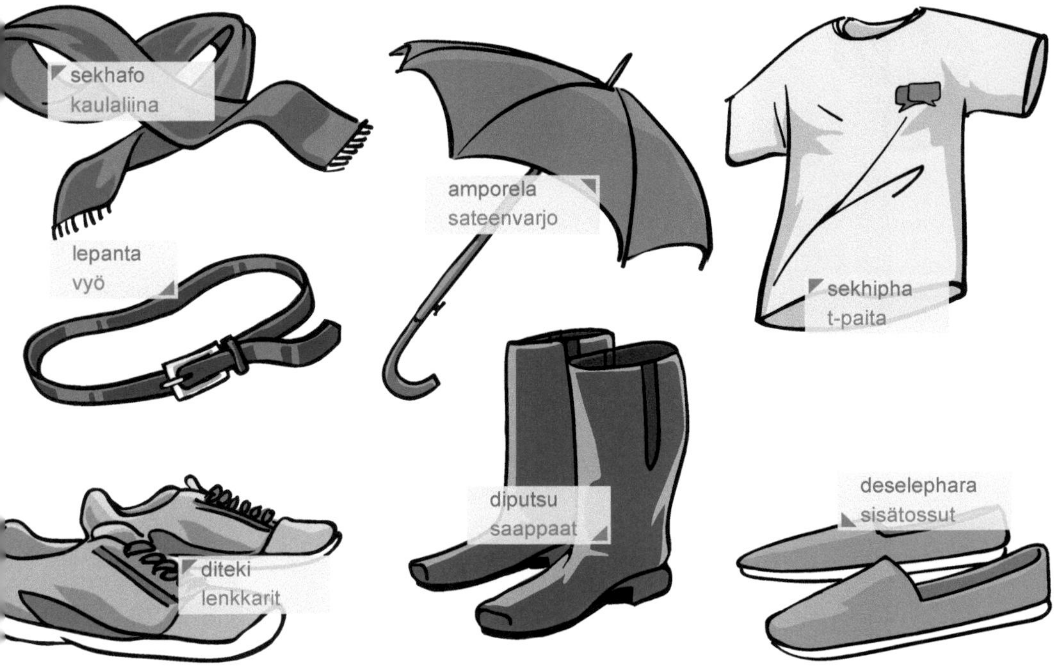

sekhafo
kaulaliina

amporela
sateenvarjo

sekhipha
t-paita

lepanta
vyö

diputsu
saappaat

deselephara
sisätossut

diteki
lenkkarit

ramphešane
....
sandaalit

dieta
....
kengät

diputsu tša rabara
....
kumisaappaat

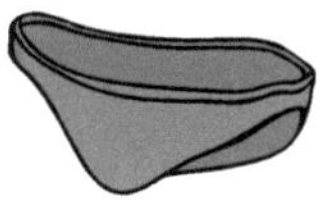

borokgwana bja ka fase
....
alushousut

seaparo sa bra
....
rintaliivit

besete
....
aluspaita

mmele
body

marokgo
housut

pokathe
farkut

sekhethe
hame

seaparo sa blouse
pusero

hempe
paita

jase
villapaita

jase
collegepaita

seaparo sa blazer
jakku

baki
takki

jase
takki

jase ya pula
sadetakki

khosetumo
puku

roko
mekko

lešira
hääpuku

sutu
puku

seaparo sa go robala
yöpaita

dipejama
pyjama

sari
shari

sekafo
päähuivi

turban
turbaani

seaparo sa burqa
burka

roko ya kaftan
kaftaani

abaya
abaya

seaparo sa go rutha
uimapuku

diteranka
uimahousut

marukgwana a manyenyane
shortsit

terekesutu
verkkarit

apron
esiliina

ditlelafo
käsineet

konope

nappi

digalase

silmälasit

boreiselete

rannekoru

nekeleise

kaulakoru

palamonwana

sormus

lengena

korvakoru

kepisi

lippalakki

hengere ya jase

ripustin

kefa

hattu

thai

solmio

zip

vetoketju

helmete

kypärä

braces

henkselit

diaparo tša sekolo

koulupuku

unifomo

univormu

seaparo sa bib

ruokalappu

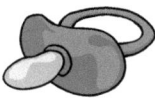

tami

tutti

mongato

vaippa

ofisi

toimisto

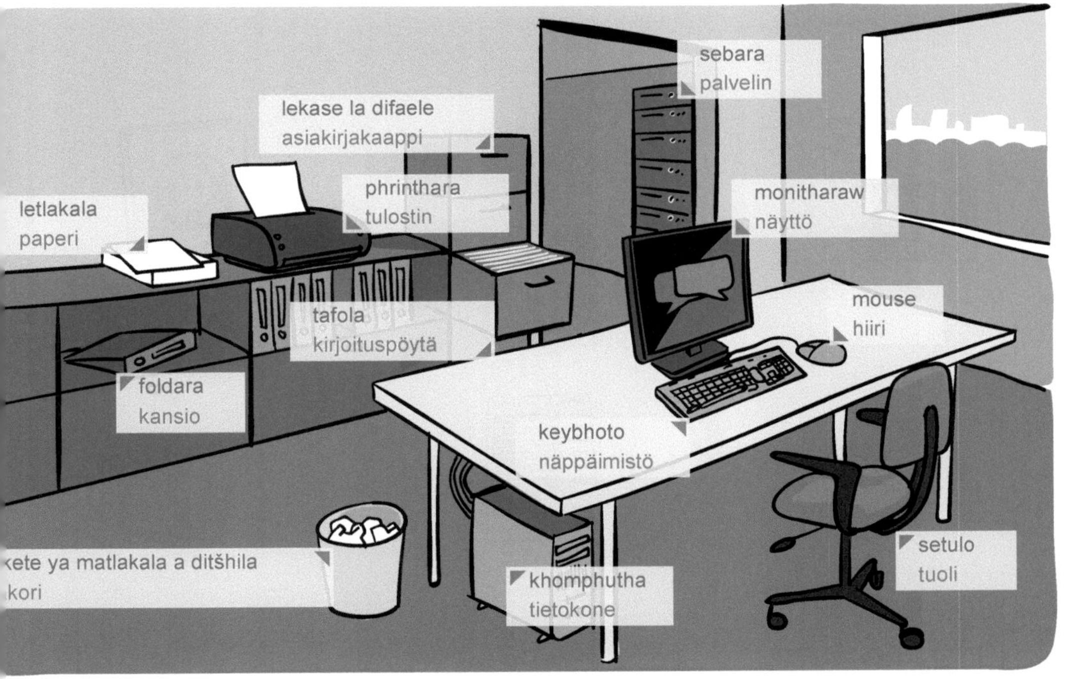

sebara
palvelin

lekase la difaele
asiakirjakaappi

phrinthara
tulostin

monitharaw
näyttö

letlakala
paperi

tafola
kirjoituspöytä

mouse
hiiri

foldara
kansio

keybhoto
näppäimistö

kete ya matlakala a ditšhila
kori

setulo
tuoli

khomphutha
tietokone

komiki ya kofi

kahvimuki

khalekhuleitha

taskulaskin

inthanete

internet

laptop

kannettava tietokone

lengwalo

kirje

molaetša

viesti

mogalathekeng

kännykkä

netweke

verkko

motšhene wa go photokhopa

kopiokone

software

ohjelmisto

mogala

puhelin

pholaka ya sokete

pistorasia

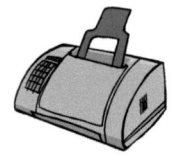

motšhine wa go fekesa

faksi

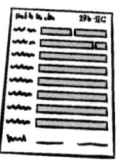

fomo

lomake

dipampiri

asiakirja

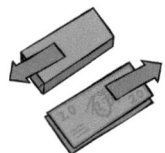

reka

ostaa

lefa

maksaa

rekiša

vaihtaa

tšhelete

raha

dollar

dollari

euro

euro

yen

jeni

rouble

rupla

Swiss franc

frangi

renminbi yuan

renminbi juan

rupee

rupia

lefelo la go ntšha tšhelete

pankkiautomaatti.

lefelo la go fetola tšhelete

rahanvaihto

gauta

kulta

silifera

hopea

oil

öljy

matla

energia

poraese

hinta

konteraka

sopimus

motšhelo

vero

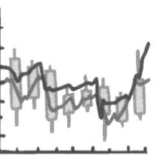

setokho

osake

mošomo

työskennellä

mošomi

työntekijä

mothwadi

työnantaja

feketori

tehdas

lebenkele la dijo

liike

ekonomi - talous

lephodisa
poliisi

setimamollo
palomies

apea
kokki

ngaka
lääkäri

mofofiši wa difofane
lentäjä

mohlokomedi wa dirapana
puutarhuri

mmetli
puuseppä

moroki
ompelija

moahlodi
tuomari

khemise
kemisti

mmapadi
näyttelijä

mootledi wa pase

linja-autonkuljettaja

mootledi wa thekisi

taksinkuljettaja

moswara dihlapi

kalastaja

mosadi wa go hlwekiša

siivooja

molokiša marulelo

katontekijä

weithara

tarjoilija

motsomi

metsästäjä

motho wa go penta

maalari

mopaki

leipuri

electrician

sähköasentaja

moagi

rakentaja

moenjeneare

insinööri

selaga

teurastaja

polambara

putkiasentaja

mosepediši wa poso

postinjakaja

mohlabani
sotilas

mothadi wa dintlo
arkkitehti

morekiši
kassanhoitaja

molemi wa matšoba
floristi

mologi wa moriri
kampaaja

molaodi
konduktööri

mekhenikhe
mekaanikko

mokapotene
kapteeni

ngaka ya meno
hammaslääkäri

rathutamahlale
tiedemies

moruti
rabbi

moetapele wa dithapelo
imaami

monk
munkki

moruti
pappi

didiriŝwa
työkalut

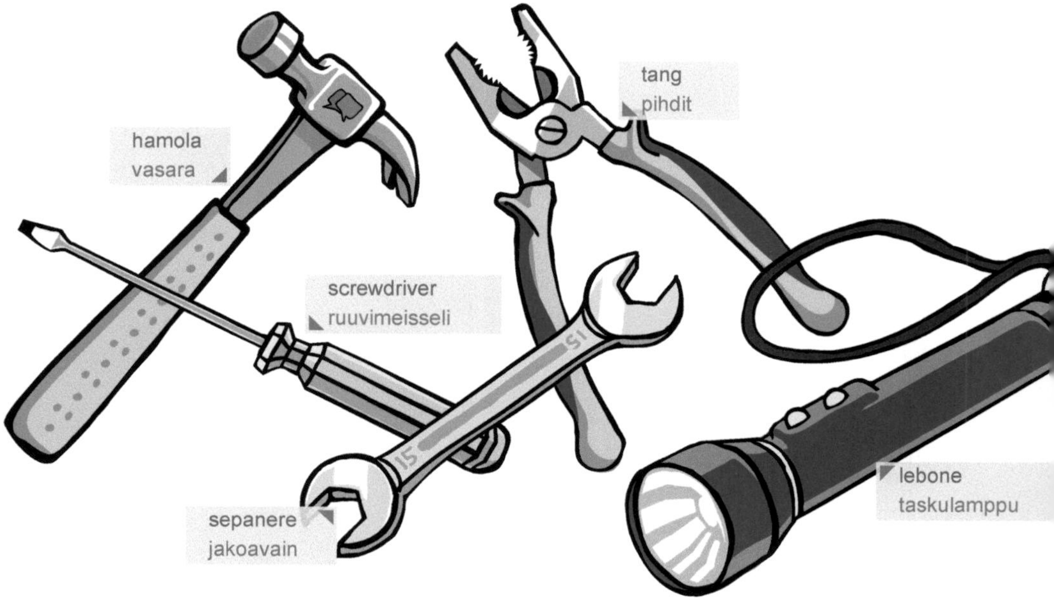
hamola
vasara
tang
pihdit
screwdriver
ruuvimeisseli
sepanere
jakoavain
lebone
taskulamppu

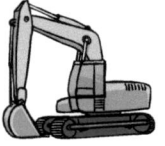

seepi

kaivinkone

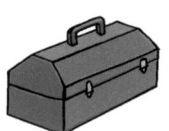

lepokisi la dithulusi

työkalupakki

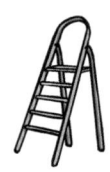

llere

tikkaat

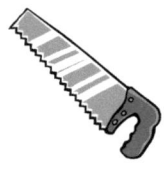

saga

saha

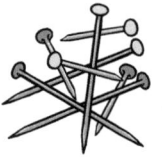

dipikiri

naulat

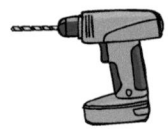

sebori

pora

lokiša
....
korjata

garafo
....
lapio

ijoo!
....
Hitto!

seolela matlakala
....
rikkalapio

pitša ya pente
....
maalipurkki

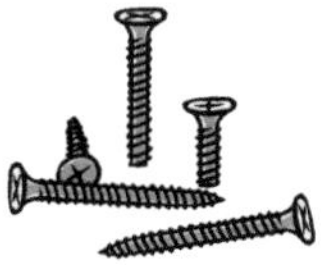

sekurufu
....
ruuvit

didirišwa tša mmino
soittimet

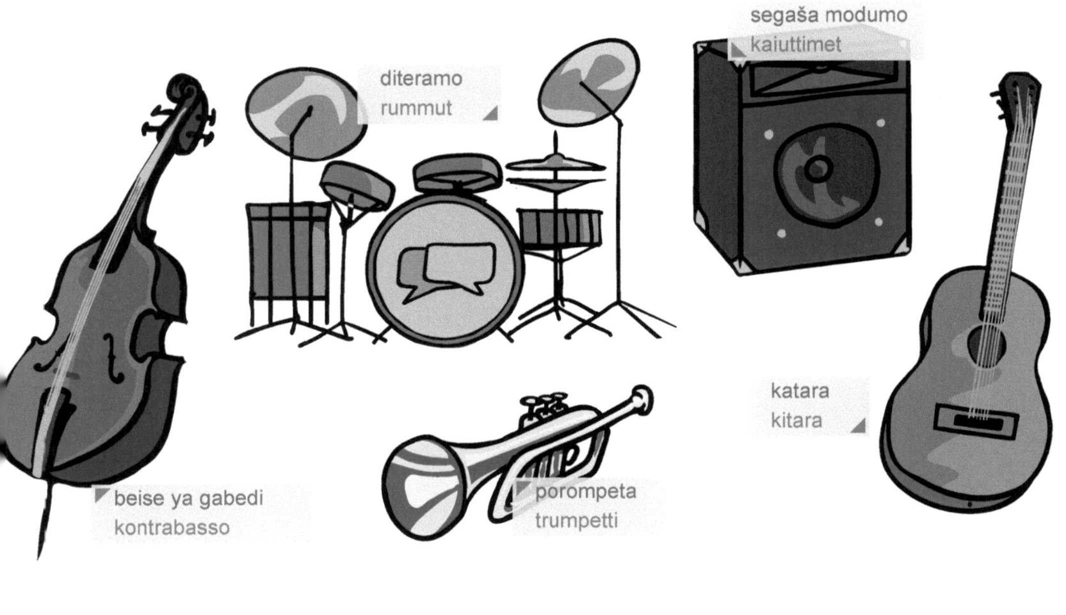

segaša modumo
kaiuttimet

diteramo
rummut

katara
kitara

beise ya gabedi
kontrabasso

porompeta
trumpetti

piano

piano

violin

viulu

beise

basso

timpani

patarummut

diteramo

rumpu

keybhoto

kosketinsoitin

saxophone

saksofoni

phala

huilu

mmaekrofouno

mikrofoni

zuu
eläintarha

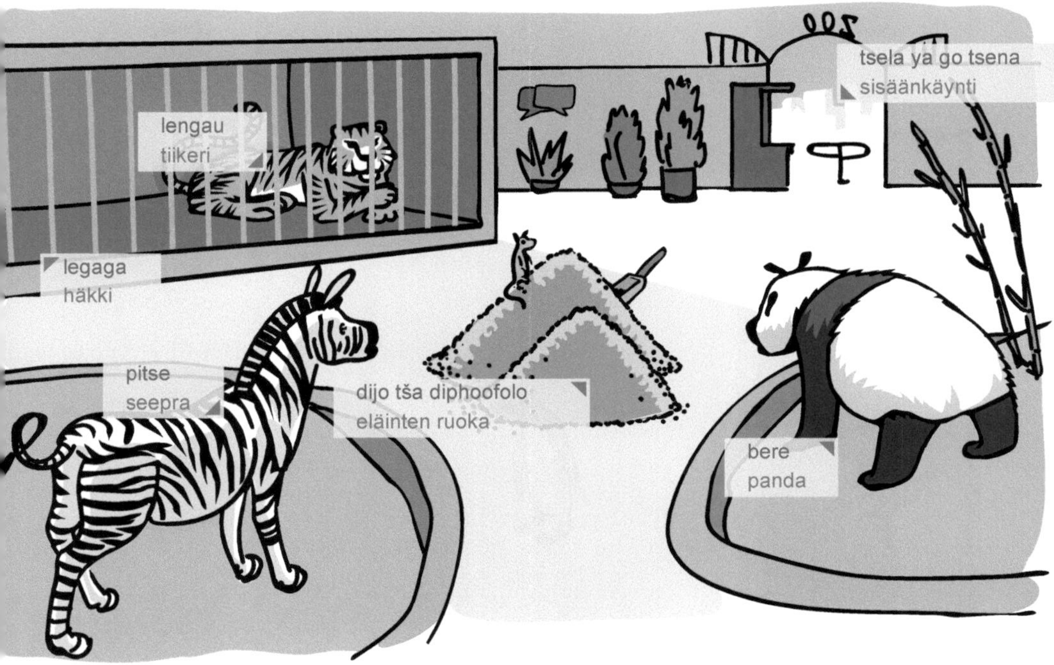

lengau
tiikeri
tsela ya go tsena
sisäänkäynti
legaga
häkki
pitse
seepra
dijo tša diphoofolo
eläinten ruoka
bere
panda

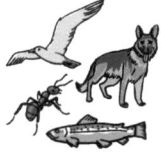

diphoofolo

eläimet

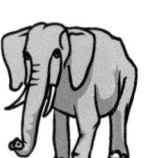

tlou

norsu

kangaroo

kenguru

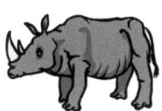

tšhukudu

sarvikuono

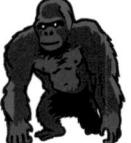

gorilla

gorilla

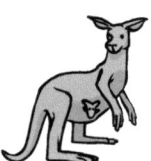

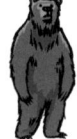

bere

karhu

kamela

kameli

mpše

strutsi

tau

leijona

tšhwene

apina

nonyana ya flamingo

flamingo

nonyana ya parrot

papukaija

bere ya polar

jääkarhu

penguin

pingviini

shark

hai

phikoko

riikinkukko

noga

käärme

kwena

krokotiili

mohlokomedi wa di zoo

eläintarhanhoitaja

sili

hylje

jaquar

jaguaari

pokolo

poni

lepogo

leopardi

hippo

virtahepo

thutlwa

kirahvi

lenong

kotka

kolobe ya naga

villisika

hlaphi

kala

khudu

kilpikonna

walrus

mursu

phiri

kettu

phuthi

gaselli

kgwele ya Amerika
amerikkalainen jalkapallo

go reila paesekela
pyöräily

thenese
tennis

basketball
koripallo

go rutha
uinti

ntwa ya matswele
nyrkkeily

hockey ya lehlweng
jääkiekko

kgwele ya maoto
jalkapallo

badminton
sulkapallo

bakitimi
yleisurheilu

polo ya matsogo
käsipallo

skiing
hiihto

polo
poolo

taboga
hypätä

sega
nauraa

gokara
halata

opela
laulaa

sepela
kävellä

rapela
rukoilla

atla
suudella

lora
unelmoida

ngwala

kirjoittaa

thala

piirtää

bontšha

näyttää

kgorometša

painaa

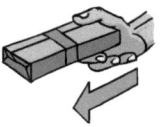

efa

antaa

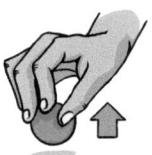

tšea

ottaa

e ba le

omistaa

dira

tehdä

eba

olla

ema

seisoa

kitima

juosta

goga

vetää

lahlela

heittää

e wa

kaatua

maaka

maata

emanyana

odottaa

rwala

kantaa

dula

istua

go apara

pukeutua

robala

nukkua

tsoga

herätä

lebelela

katsoa

lla

itkeä

seterouko

silittää

kamo

kammata

bolela

puhua

kwešiša

ymmärtää

botšiša

kysyä

theetša

kuunnella

e nwa

juoda

eja

syödä

hlwekiša

siivota

lerato

rakastaa

apea

keittää

otlela

ajaa

fofa

lentää

sesa

purjehtia

khalekhuleitha

laskea

bala

lukea

ithute

oppia

mošomo

työskennellä

nyala

mennä naimisiin

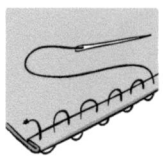

roka

ommella

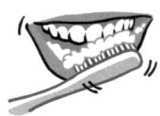

hlapa meno

pestä hampaat

bolaya

tappaa

kgoga

tupakoida

romela

lähettää

lelapa
perhe

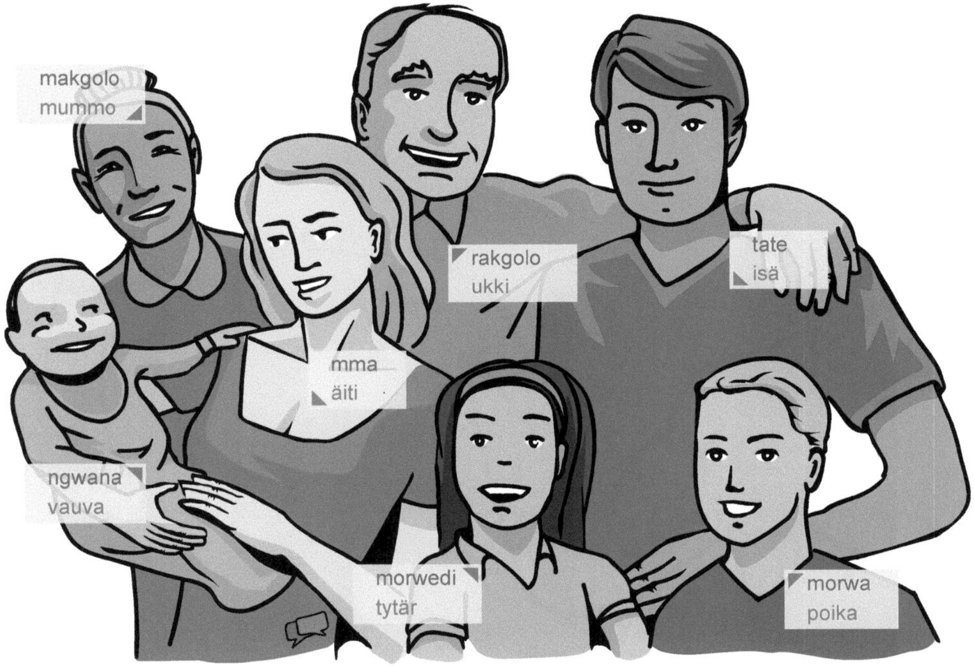
makgolo
mummo
rakgolo
ukki
tate
isä
mma
äiti
ngwana
vauva
morwedi
tytär
morwa
poika

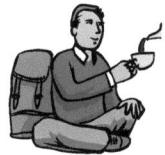

moeng
vieras

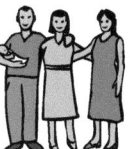

rakgadi
täti

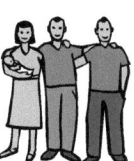

malome
setä

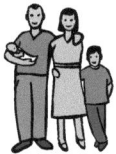

abuti
veli

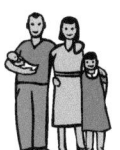

sesi
sisko

mmele

vartalo

phatla
otsa
leihlo
silmä
magetla
olkapää
monwana
sormet
sefahlego
kasvot
seledu
leuka
seatla
käsi
leoto
jalka
letswele
rinta
letsogo
käsivarsi

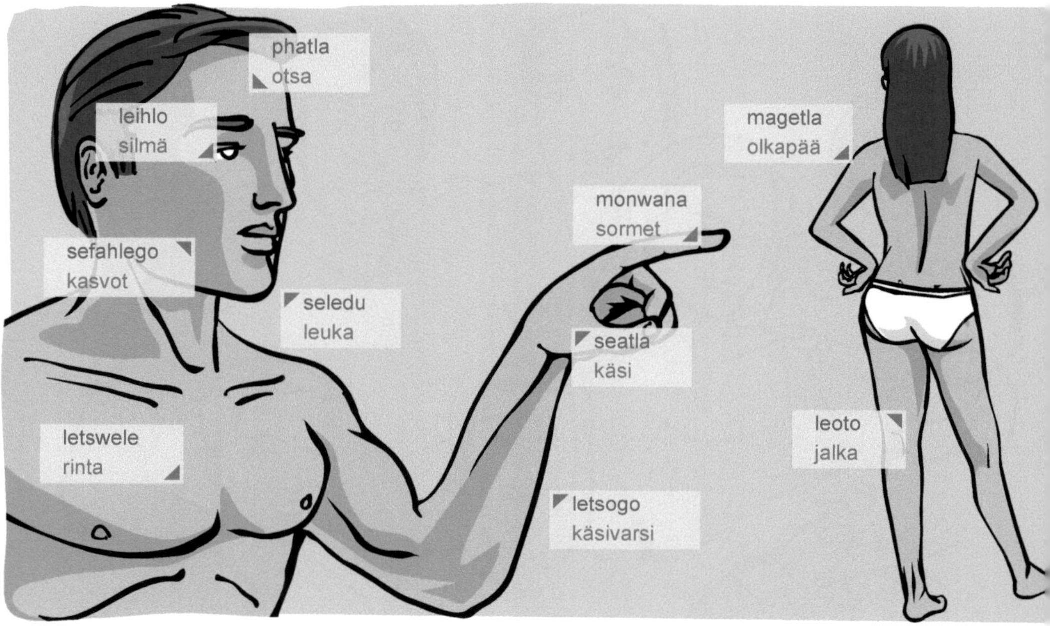

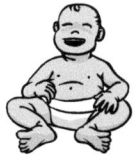

ngwana

vauva

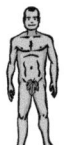

monna

mies

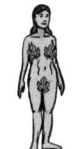

mosadi

nainen

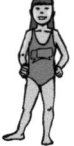

kgarebe

tyttö

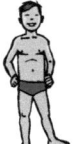

mošemane

poika

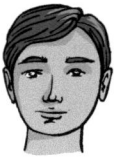

hlogo

pää

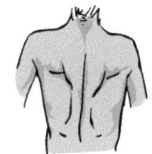

morago

selkä

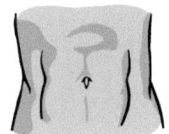

mokhaba

maha

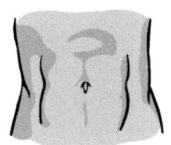

mokhubu

napa

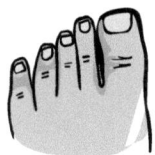

monwana

varvas

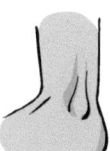

tlhako

kantapää

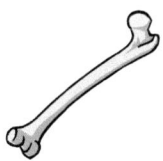

lerapo

luu

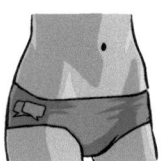

matheka

lantio

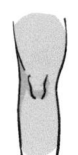

leoto

polvi

khuru

kyynärpää

nko

nenä

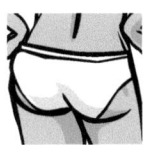

tlase

takapuoli

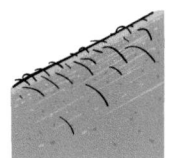

letlalo

iho

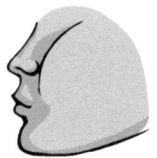

lerama

poski

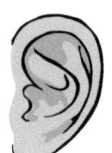

tsebe

korva

molomo

huuli

mmele - vartalo

molomo

suu

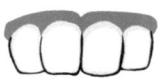

leino

hammas

Leleme

kieli

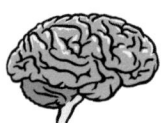

bjoko

aivot

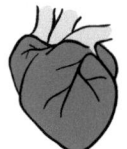

pelo

sydän

segoba

lihas

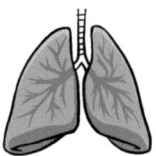

maswafo

keuhkot

sebete

maksa

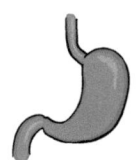

mala

vatsa

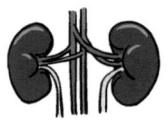

diphsio

munuaiset

thobalano

seksi

condom

kondomi

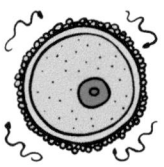

Ovum

munasolu

matshedi

sperma

go ima

raskaus

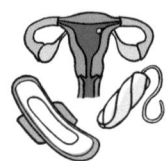

go bona kgwedi

kuukautiset

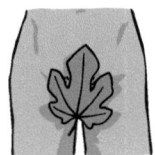

setho sa bosadi

vagina

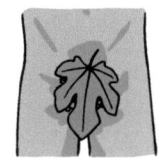

setho sa bonna

penis

dintši

kulmakarvat

moriri

hiukset

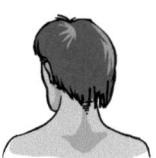

molala

niska

sepetlele
sairaala

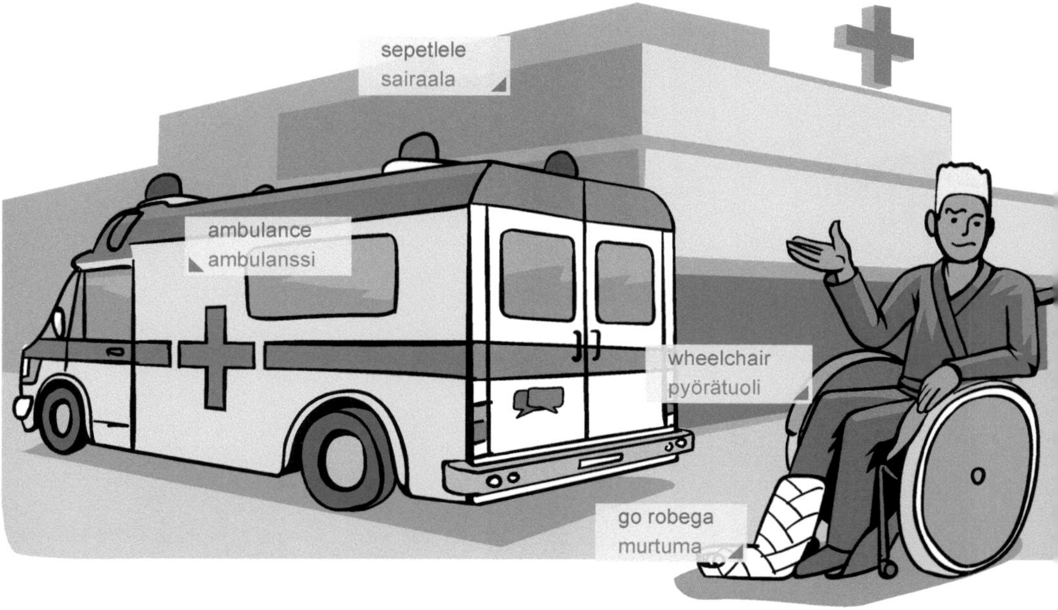

sepetlele
sairaala
ambulance
ambulanssi
wheelchair
pyörätuoli
go robega
murtuma

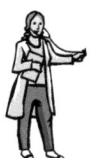

ngaka

lääkäri

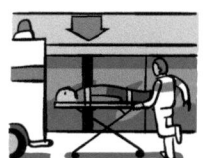

phapoši ya tša tšhoganetšo

ensiapu

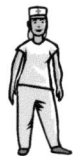

mooki

sairaanhoitaja

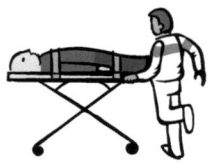

tšhoganetšo

hätätilanne

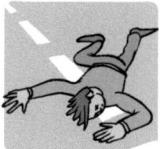

go idibala

tajuton

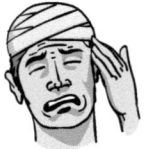

bohloko

kipu

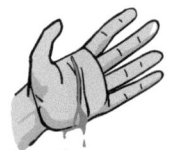

go gobala

vamma

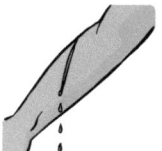

go tšwa madi

verenvuoto

bolwetši bja pelo

sydänkohtaus

setorouko

aivoinfarkti

ge mmele o ganana le dijo

allergia

go gohlola

yskä

go gohlola

kuume

sehuba

flunssa

letšhollo

ripuli

go opa ke hlogo

päänsärky

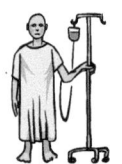

kankere

syöpä

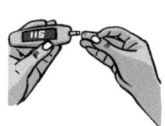

swikiri

diabetes

mmui

kirurgi

thipa ya scalpel

veitsi

go bulwa

leikkaus

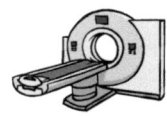

CT
ct

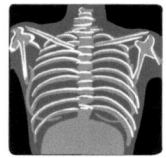

x-ray
röntgen

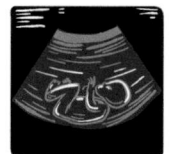

ultrasound
ultraääni

sethiba sefahlego
maski

bolwetši
sairaus

phapoši ya go leta
odotushuone

lehlotlo
sauva

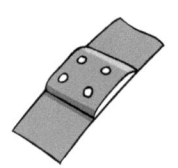

sedirišwa sa plaster
laastari

lešela la ntho
side

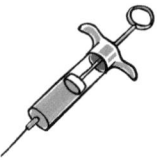

nalete
pistos

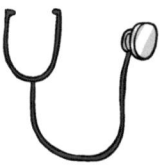

sthehosekoupo
stetoskooppi

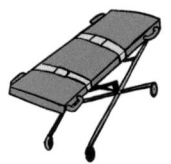

seteretšhara
paarit

themoketha ya kgathelelo
kuumemittari

go belebga
syntymä

mmele o mogolo
ylipaino

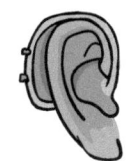

sethuša ditsebe

kuulolaite

disinfectant

desinfiointiaine

twatši

infektio

baerase

virus

HIV / AIDS

HIV / AIDS

dihlare

lääke

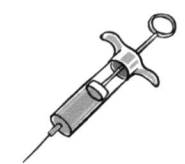

tlhabelo ya go thibela malwetši

rokotus

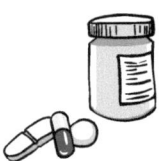

dipilisi

tabletit

pilisi

pilleri

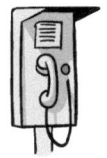

mogala wa tšhoganetšo

hätäpuhelu

sehlahlobi sa pelo

verenpainemittari

go babja / phetše gabotse

sairas / terve

Thušo!
Apua!

alamo
hälytys

go tšhošetšwa
ryöstö

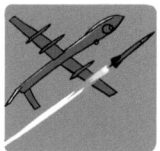

tlhaselo
hyökkäys

kotsi
vaara

go tšwa ka tšhoganetšo
hätäuloskäynti

Mollo!
Tulipalo!

setimamollo
palosammutin

kotsi
onnettomuus

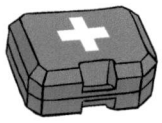

first-aid kit
ensiapulaukku

SOS
SOS

maphodisa
poliisilaitos

Yuropa

Eurooppa

Amerika Bodikela

Pohjois-Amerikka

Amerika Borwa

Etelä-Amerikka

Afrika

Afrikka

Asia

Aasia

Australia

Australia

Atlantic

Atlantin valtameri

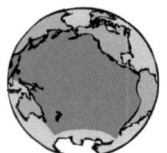

Pacific

Tyynimeri

Lewatle la India

Intian valtameri

Lewatle la Antarctic

Eteläinen jäämeri

Lewatle la Arctic

Pohjoinen jäämeri

North Pole

pohjoisnapa

South Pole
etelänapa

Antarctica
Antarktis

Lefase
maa

naga
maa

noka
meri

island
saari

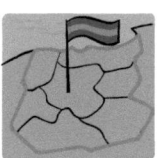

naga
kansa

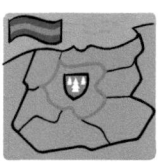

state
osavaltio

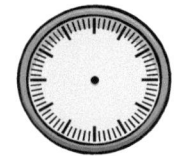

sešupanako sa dinomoro

kellotaulu

diiri tša sešupanako

tuntiviisari

metsotso ya sešupanako

minuuttiviisari

metsotswana ya sešupanako
sekuntiviisari

Ke nako mang?

Paljonko kello on?

letšatši

päivä

nako

aika

gona bjale

nyt

sešupanako sa dinomoro

digitaalikello

metsotso

minuutti

iri

tunti

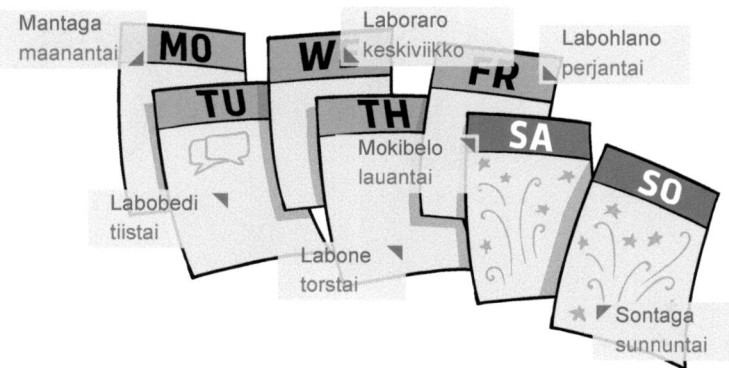

Mantaga
maanantai — MO

Laboraro
keskiviikko — W

Labohlano
perjantai — FR

TU

TH

Mokibelo
lauantai

SA

Labobedi
tiistai

Labone
torstai

SO

Sontaga
sunnuntai

maobane

eilen

lehono

tänään

ka moswana

huomenna

mesong

aamu

Thapama

keskipäivä

mantšiboa

ilta

MO	TU	WE	TH	FR	SA	SU
1	2	3	4	5	6	7
8	9	10	11	12	13	14
15	16	17	18	19	20	21
22	23	24	25	26	27	28
29	30	31	1	2	3	4

matšatši a kgwebo

työpäivät

MO	TU	WE	TH	FR	SA	SU
1	2	3	4	5	6	7
8	9	10	11	12	13	14
15	16	17	18	19	20	21
22	23	24	25	26	27	28
29	30	31	1	2	3	4

mafelobeke

viikonloppu

pula
sade

molalatladi
sateenkaari

phefo
tuuli

lehlwa
lumi

seruthwane
kevät

lehlabula
syksy

selemo
kesä

marega
talvi

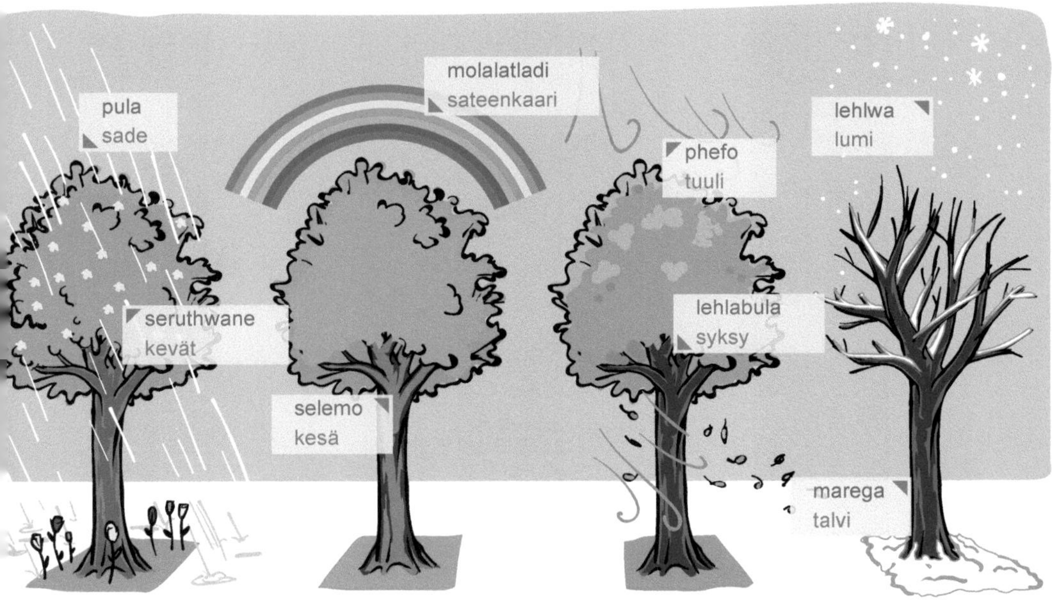

tsebišo ya leratadima
....
sääennuste

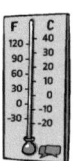

thermometer
....
lämpömittari

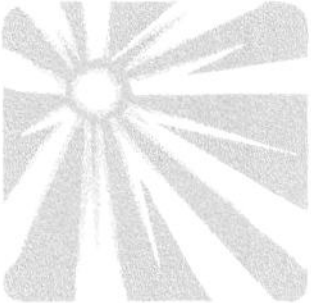

mahlasedi a letšatši
....
auringonpaiste

maru
....
pilvi

kgudi
....
sumu

go koloba
....
ilmankosteus

legadima

salama

legadima

ukkonen

ledimo

myrsky

sefako

rae

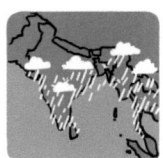

ledimo

monsuuni

lefula

tulva

lehlwa

jää

January

tammikuu

February

helmikuu

March

maaliskuu

April

huhtikuu

May

toukokuu

June

kesäkuu

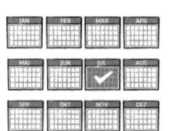

July

heinäkuu

August

elokuu

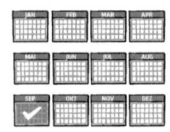

September
....
syyskuu

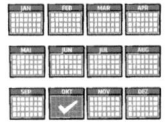

October
....
lokakuu

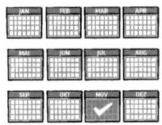

November
....
marraskuu

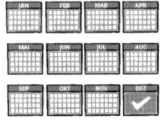

December
....
joulukuu

nthokolo
....
ympyrä

sekwere
....
neliö

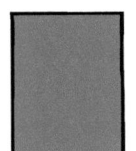

rectangle
....
suorakulmio

theraekele
....
kolmio

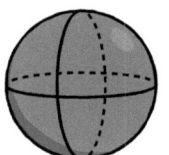

nthokolo
....
pallo

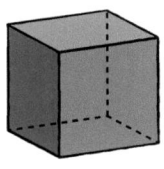

cube
....
kuutio

tshweu

valkoinen

kheri

keltainen

namone

oranssi

pinki

vaaleanpunainen

khubedu

punainen

phepholo

violetti

pududu

sininen

tala

vihreä

tshehla

ruskea

kerei

harmaa

bontsho

musta

tše dintši / tše dinyenyane

paljon / vähän

befetšwe / theotše maswafo

vihainen / ystävällinen

botse / befile

kaunis / ruma

mathomo / mafelelo

alku / loppu

kgolo / nyenyane

suuri / pieni

seetša / leswiswi

vaalea / tumma

abuti / sesi

veli / sisko

hlwekile / ditšhila

puhdas / likainen

feletše / ga se e felele

täydellinen / epätäydellinen

mosegare / bošego

päivä / yö

hwile / o sa phela

kuollut / elävä

go bulega / go tswalelega

leveä / kapea

e a jega / ga e jege

syötävä / syömäkelvoton

bobe / go loka

paha / kiltti

mahlahlo / go tšwafa

innostunut / tylsistynyt

bokoto / bosese

lihava / laiha

mathomo / mafelelo

ensimmäinen / viimeinen

mogwera / lenaba

ystävä / vihollinen

e tletše / ga e na selo

täysi / tyhjä

tiile / e bonolo

kova / pehmeä

ya roba / e bobebo

painava / kevyt

tlala / mokhoro

nälkä / jano

go babja / phetše gabotse

sairas / terve

ga e molaong / e molaong

laiton / laillinen

bohlale / lešilo

älykäs / tyhmä

le letshadi / le letona

vasen / oikea

kgaufsi / kgole

lähellä / kaukana

mapsha / e dirišitšwe

uusi / käytetty

selo / se sengwe

ei mitään / jotain

motšofadi / mofsa

vanha / nuori

laeta / tima

päällä / pois päältä

bula / tswalela

auki / kiinni

homola / rasa

hiljainen / äänekäs

go huma / go diila

rikas / köyhä

e lokilego / e sa lokago

oikein / väärin

makgwakgwa / go thelela

karhea / sileä

go nyama / go thaba

surullinen / iloinen

mokopana / motelele

lyhyt / pitkä

go nanya / go kitima

hidas / nopea

go koloba / go oma

märkä / kuiva

borutho / go tonya

lämmin / viileä

ntwa / khutšo

sota / rauha

0

nnoto

nolla

1

tee

yksi

2

pedi

kaksi

3

tharo

kolme

4

nne

neljä

5

tlhano

viisi

6

tshela

kuusi

7

šupa

seitsemän

8

seswai

kahdeksan

9

senyane

yhdeksän

10

lesome

kymmenen

11

lesome tee

yksitoista

12

lesome pedi

kaksitoista

13

lesome tharo

kolmetoista

14

lesome nne

neljätoista

15

lesome tlhano

viisitoista

16

lesome tshela

kuusitoista

17

lesome šupa

seitsemäntoista

18

lesome seswai

kahdeksantoista

19

lesome senyane

yhdeksäntoista

20

masomepedi

kaksikymmentä

100

lekgolo

sata

1.000

sekete

tuhat

1.000.000

milione

miljoona

Seisemane

englanti

Seisemane sa Amerika

amerikanenglanti

Sechina sa Mandarin

mandariinikiina

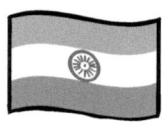

Sehindi

hindi

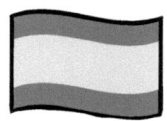

Spanish

espanja

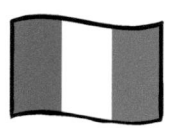

Sefora

ranska

Searabic

arabia

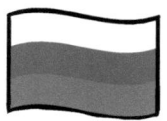

Serašia

venäjä

Sepotokisi

portugali

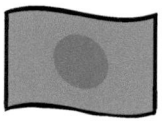

Sebengali

bengali

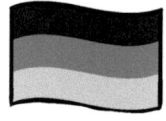

Sejeremane

saksa

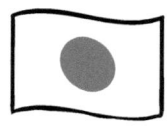

Sefapane

japani

Nna

minä

wena

sinä

yena / yona

hän

rena

me

wena

te

bona

he

bomang?

kuka?

eng?

mitä / mikä?

bjang?

miten?

mo kae?

missä?

neng?

milloin?

leina

nimi

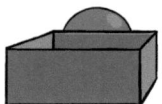

ka morago

takana

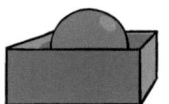

go

sisällä

kgaufsi le

edessä

godimo ga

yläpuolella

go

päällä

ka tlase ga

alapuolella

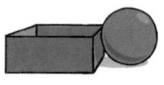

ka lehlakoreng la

vieressä

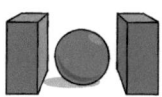

magareng ga

välissä

lefelo

paikka